La Massoneria nel XVIII° s :

con appunto *Le Donne Curiose* di Carlo Goldoni

Giovanna Coletti Rinieri

La Massoneria nel XVIII° s : con appunto Le Donne Curiose di Carlo Goldoni

DEDICA

La Massoneria nel XVIII° s : con appunto Le Donne Curiose di Carlo Goldoni

CONTENUTI

Introduzione   8

Che cos'è la Massoneria   9

    La Massoneria e il segreto massonico

    La verità massonica

    I differenti riti e rituali

Storie e origine   15

    La nascita della massoneria moderna e delle prime logge

    La leggenda di Hiram

        Hiram il re

        Hiram il bronzatore

        Hiram il maestro/l'architetto

Introduzione all'opera   30

    L'appartenenza massonica di Carlo Goldoni

    Lo scopo dell'opera

Analisi generale dell'opera   35

    Focus su alcuni punti

        Dedica

    Atto I

    Atto II

    Atto III

Conclusione

La Massoneria nel XVIII° s : con appunto Le Donne Curiose di Carlo Goldoni

INTRODUZIONE

La Massoneria occupa una posizione molto strana nella nostra società: criticata, combattuta o elogiata non lascia nessuno indifferente e soprattutto chi ne è particolarmente affascinato: i laici, gli amici e i nemici della Massoneria, questo è il suo segreto, il famoso segreto massonico. Allora, qual è questo famoso segreto massonico? Questo segreto massonico nessuno lo conosce poiché il segreto massonico è specifico per ogni massone.

Lo scopo di questo mémoire non era quello di cercare il segreto massonico ma di vedere cos'è la Massoneria, di cercare allusioni ad essa e alla sua verità se non è dogmatica e quindi verità rivelata attraverso Le donne curiose di Carlo Goldoni. La verità deve essere dimostrata per essere accettata. Tuttavia, il nostro giudizio e le nostre idee a volte sono solo una serie di errori che ci avvicinano alla verità.

Sebbene ci siano tante verità quanti sono gli esseri umani sulla terra, la verità massonica è tra queste? Sembrerebbe che non lo sia perché la verità massonica si trova altrove. In effetti, si trova nel Manifesto del Convento di Losanna del 1875 e nella Dichiarazione dei Principi dell'Ordine e del Supremo Consiglio di Francia dove si dice:

"La Massoneria proclama come ha proclamato fin dalla sua origine l'esistenza di un principio creativo, sotto il nome di Grande Architetto dell'Universo. Non impone limiti alla ricerca della verità, è per garantire questa libertà a tutti che richiede tolleranza da parte di tutti".

Nelle Costituzioni di numerose obbedienze massoniche è detto:

"Nella costante ricerca della verità e della giustizia, i massoni non accettano ostacoli e non si impongono limiti"

La verità ordinaria è semplice; la verità con V maiuscola è come le domande che mi hanno permesso di realizzare questo mémoire. Conosciamo l'inizio ma non vediamo la fine perché una domanda tira l'altra, che a suo turno porta ad un'altra (…), a volta senza trovare una risposta che soddisfi, che spinga a continuare a cercare. Come si dice è cercando che troviamo quindi continuammo a camminare e cercare all'interno di questo mémoire.

In questo lavoro, ci concentreremo sulla Massoneria attraverso Le Donne Curiose di Carlo Goldoni. Una prima parte si concentrerà su cosa sia la Massoneria, sulla nascita della Massoneria moderna e sulle prime logge massoniche. In una seconda parte guarderemo le storie e le origini della Massoneria concentrandoci in particolare sulla leggenda di Hiram e sui testi fondatori. Le ultime parti si concentreranno sull'opera cercando a determinare l'appartenenza massonica o no di Carlo Goldoni ansi che lo scopo dell'opera mentre effettuando un'analisi generale dell'opera e un focus su alcuni punti che si riferiscono alla Massoneria.

CHE COS'È LA MASSONERIA ?
LA MASSONERIA E IL SEGRETO MASSONICO

La Massoneria occupa una posizione molto strana nella società; criticata, combattuta o elogiata, non ha lasciato nessuno indifferente, a tutte le epoche. Tutto è stato detto sulla Massoneria e i massoni: messe nere, rinnegamento di Cristo, complotto contro la Chiesa, complotto contro lo Stato, mafia di affaristi, leader sconosciuti del mondo, iniziati meravigliosi, anime dell'artigianato, poteri occulti, nulla è stato risparmiato a questo Ordine Iniziatico. Gli invidiosi e gli amareggiati brandiscono uno spaventapasseri, i paurosi e gli ignoranti danno libero sfogo alle loro fantasie.

Oggi, troviamo migliaia di libri sul simbolismo, sul rituale di iniziazione o sulla storia massonica.

Generalmente, quando sentiamo parlare di Massoneria si pensa: società segreta, esoterismo, corrotti... ma se ci riferiamo al Larousse la Massoneria è una "società mondiale chiusa, i cui membri, o fratelli, che si riconoscono per segno, si possiedono solo i segreti sotto giuramento. (un gruppo di massoni forma una loggia, un gruppo di logge forma un'obbedienza)".

Ma se lasciamo la Massoneria presentarsi, si presenta come è inscritta nelle costituzioni di molte obbedienze come La Grande Loggia di Francia, la Massoneria è "un ordine iniziatico tradizionale e universale basato sulla fraternità. Costituisce un'alleanza di uomini liberi di buona morale, di tutte le razze, nazionalità e credenze".

La strana posizione della Massoneria affascina particolarmente i profani, amici o nemici della Massoneria: questo è il segreto massonico. C'è davvero un segreto nella Massoneria, ma potrebbe non essere quello che pensiamo.

Nel mondo profano, il segreto dell'appartenenza massonica è già un segreto massonico che è necessario mantenere perché potrebbe causare danni in quanto i pregiudizi sono ancora ostinati. Quel segreto di appartenenza come il segreto di funzionamento della massoneria si basa in particolare su quello che viene chiamato adogmatismo, vale a dire non su uno scetticismo che i massoni usano, ma su un principio di neutralità rispetto ai dogmi teologici, come ha voluto illustrare la massoneria speculativa fin dalla sua origine.

Se questo adogmatismo all'inizio comprendeva le credenze, in un secondo tempo ha abbracciato le opinioni soprattutto in tempi e luoghi o ideologie di ogni tipo che hanno generato molti conflitti.

In altre parole, la massoneria desiderava accogliere uomini di buona volontà con diverse concezioni spirituali, filosofiche e politiche, affinché ciascuno prendesse piena coscienza del particolarismo dei propri legami o delle proprie preferenze culturali, nonché delle esigenze che comportano la costruzione di un mondo pacifico, basato sul riconoscimento dell'altro.

Anche se ancora oggi la chiesa cattolica non condanna più ufficialmente la massoneria, la massoneria ne è ancora critica.

Al di là della fede, l'adogmatismo copre gli impegni politici e sociali. La maggior parte dei gruppi d'influenza o di potere sono diffidenti nei confronti dei circoli filosofici che non controllano. Pertanto, la segretezza protegge l'indipendenza della mente. Evita di dover riferire sul lavoro svolto nei templi massonici, a corpi esterni. Mira quindi a limitare le pressioni sulle coscienze e sui comportamenti. Così, il segreto è la condizione di un adogmatismo tranquillo e be, vissuto dove ognuno cammina nel suo pieno e libero esame, senza altra volontà che se stesso per fare le sue scelte.

Tuttavia, anche se la massoneria è adogmatica con poche riserve, i suoi membri non lo erano e non lo sono necessariamente: ognuno approfondisce o modifica le sue convinzioni, come lo sente. La massoneria è adogmatica nel senso che il dogmatismo costituisce un sistema dottrinale che esprime certezze perentorie sull'organizzazione dell'universo e dell'umanità o privilegiando la difesa di una comunità contro un'altra.

Tuttavia, la massoneria non sfuggì al movimento delle ideologie. Essa stessa è nata da condizioni particolari e se avesse raggiunto il grado di purezza che le era stato desiderato e se ci fosse riuscita non si sarebbe divisa oggi in tante obbedienze, rivelando precisamente divergenze di concezione o di interesse. Realizza solo imperfettamente il suo adogmatismo e questo, con una grandezza variabile a seconda dei tempi e dei territori. Più generalmente, riconosce obiettivi e metodi, incluso il simbolismo, e quindi rivendica determinati tipi di ideali e approcci. Sebbene non sia una scuola di pensiero e non dispensa spiegazioni teoriche sui fenomeni naturali o sociali, si propone di essere una scuola da pensare e cerca di stabilire il quadro. È quindi dotata di un sistema di rappresentazioni in cui le forme possono essere rintracciate, seguendo la propria storia.

Nell'estensione del suo singolare adogmatismo, la massoneria insegna una virtù congruente, che consiste nell'non esercitare alcuna supremazia sulla vita pubblica o privata dei suoi contemporanei. Se possiamo vedere in esso la controparte del suo segreto, è prima di tutto la condizione: garantisce la libertà di coscienza così come la sincerità dell'esperienza, nessuno lo sa in anticipo o guiderà i suoi passi nella voce interiore che gli è propria. Per l'iniziato massonico, il segreto è una garanzia di serenità, con gran dispiacere di coloro che amano governare o irregimentare le menti. Così, per perforare pienamente la sfera dell'intimità massonica, l'adogmatismo postula il segreto delimitando così il santuario di una fraternità aperta, nell'indipendenza di ciascuno.

LA VERITÀ MASSONICA

"La Verità assoluta è inaccessibile allo spirito umano; si avvicina incessantemente, ma non lo raggiunge mai". Ma cos'è la verità e come possiamo accedervi dal momento che non la raggiungiamo mai?

Qualità di ciò che è vero, in conformità con ciò che è e ciò che viene detto, la verità, dal latino "véritas", è ciò che la mente può e deve accettare, in modo che l'uomo sia coerente nel pensiero e nell'azione con sé stesso, in contrasto con le bugie o le illusioni. Così è l'uomo franco con il parlato franco, di fronte al mitomane per il quale, totalmente inventato, le sue proposte sono "verità", allo stesso modo il bugiardo non mente poiché esprime "la sua verità".

Questi sono termini forti, che esprimono la determinazione che il massone deve mettere nell'analisi dell'idea dietro le parole, perché la parola serve a non nominare quale sia realmente l'idea, da qui la necessità di non valutare il peggio, il sostante, e così il massone capirà che "fiducia cieca, non deve concedere".

Raggiugere la Verità presuppone le condizioni per separarla da ciò che non è, perché quando la certezza è palese, diventa Verità, e spesso la certezza diventa una forma di fede. La verità non può essere smascherata. La verità con una grande V è nascosta; è ricercato e talvolta scoperto. Lei non è qui, è da qualche altra parte. Come diceva Victor Hugo: "La Verità è come il sole, fa vedere tutto ma non si lascia guardare".

Lo scopo della ricerca massonica è quello di cercare la verità se non è dogmatica e quindi "verità rivelata". Deve essere dimostrata per essere accettata. Così la frase del Taciturno è paradossale, regge tutto: l'approccio costante alla verità assoluta, e il suo contrario, la sua inaccessibilità allo spirito umano che non la raggiunge mai. Il nostro giudizio a volte è solo una serie di errori che ci avvicinano alla verità. Imparare dai propri errori è progredire continuando a cercare. È un invito a continuare il cammino e, allo stesso tempo, "la verità" ci fa capire che nonostante i nostri sforzi e la nostra perseveranza, non toccheremo mai la meta.

Sul piano penale, la verità è concepita come "ciò che è vero". Questo è ciò che possiamo portare la materialità o stabilirla da un fascio di indici concordanti. In questo caso, la questione della verità è legata a quella della giustizia. La verità è una luce che l'uomo percepisce più o meno confusamente. Eppure, può rivelarsi in tutto il suo splendore a chi vuole aprire gli occhi e guardare.

Da quando un uomo è stato creato massone, il codice del silenzio che ha giurato di osservare gli permette di acquisire un certo autocontrollo, e di avvicinarsi, attraverso lo sforzo personale, a questa realizzazione interiore che si chiama "verità". È il frutto della padronanza delle sue passioni conferita attraverso il silenzio e la riflessione fin dai suoi inizi.

La verità ordinaria, quella di cui sono fatti tutti i giorni, è diversa? Ognuno ha la sua? C'è una sola verità o tante verità quanti attori? Al di là del vero e del falso, questa verità è il prodotto di tutti gli sforzi che ognuno di noi avrà fatto, fatto e farà per raggiungerla.

Anche se ci sono tante verità che quanti sono gli esseri umani, la verità ricercata sarebbe tra loro? La verità massonica è altrove; è nel Manifesto del Convento di Losanna del 1875 e nella dichiarazione dei Principi dell'Ordine e del Supremo Consiglio di Francia:

"La massoneria proclama come ha proclamato fin dalla sua origine l'esistenza di un principio creativo, sotto il nome di Grande Architetto dell'Universo. Non impone limiti alla ricerca della verità, è per garantire questa libertà a tutti che richiede tolleranza da parte di tutti."

Nelle costituzioni di alcune obbedienza come quelle della Grande Loggia di Francia si legge:

"Nella costante ricerca della verità e della giustizia, i massoni non accettano ostacoli e non impongono limiti a sé stessi".

Fin dalla sua iniziazione, l'attenzione del massone è attirata dalla difficoltà di concepire la nozione di verità. Non basta essere in sua presenza, nel caso in cui lo percepisca, per poterla capire. La luce illumina la mente solo quando nulla si frappone. L'ostacolo, sono i pregiudizi di razza, cultura, religione, menzogna, errore, gelosia e tanti altri che i massoni si sforzano di cancellare dai loro pensieri.

I massoni lavorano per fare "Uno" con il macrocosmo. Così la loro visione del mondo che si espande, si elevano spiritualmente; la Verità li condurrà alla meta finale, sollevando gradualmente il velo delle illusioni per vedere la meta "La Luce". Concepiti a immagine di Dio, sono tutti come Salomone che chiede un cuore intelligente per discernere il bene dal male, per scoprire l'idea sotto il simbolo, per contemplare la Verità o per avvicinarsi ad essa.

Il massone deve combattere l'ombra che è in lui, in modo che il pezzo di sacralità che detiene possa essere pienamente espresso.

La verità massonica non è nei massoni ma nella massoneria. Dà loro il metodo. Questo metodo iniziatico e progressivo è rappresentato dai rituali e dall'istruzione, ed è questa istruzione che li condurrà passo dopo passo, grado dopo grado verso la meta "Conoscenza", prima di tutto quella di se stessi che permette di combattere l'ambizione, il fanatismo e l'ignoranza, di comprendere meglio gli altri, per poter raggiungere "la Verità assoluta" pur sapendo che non raggiungeranno mai la meta, ma come diceva Coubertin "La cosa principale non è vincere ma partecipare".

Ricordando che la sapienza viene dal latino "sapientia, conoscere", possiamo dedurre che la Sapienza sarebbe ciò che scaturisce da una certa conoscenza. Come i Pèrini, i massoni sono ferrovieri nel primo senso del termine. Spetta al ricercatore trovare "la Sua via". così continuano a camminare e cercare.

I DIFFERENTI RITI E RITUALI

Tutte le logge massoniche sono attaccate alla pratica di un rito, il Rito Scozzese Antico e Accettato è il più risposto e ad un approccio di natura iniziatica, anche spiritualista, escludendo da questa idea, qualsiasi obbligo relativo ad una religione o dogma, vale a dire l'obbligo di credere in un dio rivelato, perché secolarismo, nella Loggia come nella società, è per i massoni un principio essenziale di vita che desiderano promuovere.

Tuttavia, specifichiamo questo: i testi costituzionali lasciano a ciascuno di essi, la totale libertà di credere o non credere, perché come per un giurato della Corte d'Assise, è dell'ordine dell'intima convinzione di ciascuno. Ciò significa che tutte le credenze o non credenze sono presenti nelle Logge, senza che ciò abbia alcuna conseguenza sull'approccio massonico del Laboratorio.

In tal modo, differiscono dalla tradizione anglosassone che rende la fede in Dio e l'immortalità dell'anima obblighi precedenti.

Il rito è un cerimoniale che designa un insieme di usanze regolate dalla consuetudine o dalla legge. Il termine "cerimoniale" si applica al campo religioso così come alle manifestazioni civili o politiche.

Il rito funge da cemento per una comunità. La partecipazione ripetuta al rituale secondo un certo rito segna l'appartenenza alla comunità interessata.

Sebbene si trovino nel campo non religioso, le obbedienze massoniche si sono concentrate sullo sviluppo di riti come le religioni. Nelle religioni, i riti hanno sempre un significato reale o simbolico. Nella Massoneria, i riti sono essenzialmente simbolici. Questo simbolismo è alchimia, cavalleria o commercio di costruzione o leggende o miti, più spesso trovati in storie antiche: la leggenda arturiana, la leggenda del Graal, Perceval / Parsifal. Di solito sono coperti da un segreto molto relativo.

I riti massonici sono numerosi e l'occasione di molte divergenze tra massoni. Possiamo menzionare l'antico e accettato rito scozzese, il rito francese, il rito di emulazione, il rito egiziano, il rito scozzese rettificato, il rito di York.......

Si può distinguere tra riti di intercessione (pioggia, raccolto, malattia, guerra, ecc.) e riti di passaggio (nascita, battesimo, comunione, intronizzazione…).

Quando il Rito è ben praticato, è facile per il massone lavorare sul sentiero della sua perfezione con i suoi strumenti e simboli: la rettitudine dei suoi pensieri, la destrezza della sua mano, la purezza del suo cuore. Il percorso offre tutto e molto di più, ma nulla è gratuito. Le risposte sono in loro, sapendo fare il primo passo, il percorso mostrerà il resto a chi saprà vedere.

Passiamo ora alla questione del rituale.

Cos'è un rituale? Un rituale è la codificazione di una pratica collettiva. È l'incontro di atti, gesti, segni e atteggiamenti che scandiscono e ordinano il lavoro nella loggia, e che permette a ciascuno dei partecipanti, di rendersi mentalmente disponibile ad imparare, a conoscere, a conoscere e ascoltare l'altro, e ad avere scambi fraterni con lui. Il rituale definisce le parole da pronunciare, i gesti da compiere, nonché i compiti da svolgere. È il rituale che determina anche il contesto in cui questo tutto si compie.

Dopo la sua accoglienza come apprendista, il massone non sa molto bene come andrà l'apprendistato e chi dice apprendistato, dice formazione, dice "mettere in forma". Ciò significa che qualcosa o qualcuno sta per essere trasformato, quindi, avrà una questione. Che sia umano, vegetale o minerale, durante la sua modellatura, muterà. L'apprendimento agirà allo stesso modo su di lui; prima come il maestro vuole "il magister", poi senza rendersene conto, i suoi pensieri agiranno secondo il suo cuore.

Questo processo che lo trasforma insidiosamente è il Rituale. È sia attivo che passivo, passato e presente. Il Rituale è come l'aria che ci circonda; impalpabile ma essenziale. Il massone non può né vederlo né abbracciarlo, ma lo bagna. Grazie a lui, mentalmente, i massoni si trovano in un mondo senza tempo, sereno, favorevole allo scambio. Il suo obiettivo è quello di creare le condizioni per un lavoro collettivo che promuova questo ascolto.

All'inizio non capiscono tutto. Replicano gesti e atteggiamenti senza coglierne appieno tutti i significati e questo è normale. "Iniziato" dal latino "Initium", "inizio" è "messo sul sentiero". Col passare del tempo, saranno sempre più penetrati da ciò che stanno vivendo. Infatti, il materiale che si evolve e si trasforma sono loro. Da lì, senza dire che l'hanno fatto proprio, l'approccio massonico sarà fatto attraverso il rituale con il rituale.

Lo studieranno, lo sezioneranno, lo commenteranno e porteranno nuove pietre nell'edificio.
Dall'inizio del 18 ° secolo della Massoneria speculativa, i rituali massonici sono stati divulgati. Ora sono disponibili in qualsiasi buona libreria. Purtroppo per i profani e fortunatamente per i massoni, questo aspetto materiale dei loro rituali che sono il libro e la lettura, manca di questo elemento essenziale che è il "vissuto". È questo sentimento personale e quindi unico che è e rimarrà il vero "Segreto Massonico" inaccessibile a tutti, iniziato oltre che profano.

STORIE E ORIGINE

Prima di tutto, per una società che sarebbe presumibilmente segreta, la Massoneria deteneva nel 1925 un record singolare, quello della bibliografia. Nel 1925 - già quasi un secolo - uno studioso tedesco di nome WOLFSTIEG aveva contato (tutte le opere messe insieme) più di 54.000 titoli che trattavano l'argomento.

All'inizio, gli uomini sono stati trovati a lavorare con le pietre e riunirle, poi hanno eretto muri e messo tetti su di loro per ripararsi. Nasce l'architettura.

L'architettura è una delle condizioni per lo sviluppo della civiltà perché senza di essa nessun pensiero costruttivo può prendere forma. L'architettura è l'espressione umana di un'ispirazione emanata da un Grande Architetto che stabilisce un ponte tra il terrestre e il celeste. Veicolo dell'umano verso il divino.

Con le sue antiche origini, giustifica la sua preminenza rispetto ad altre arti per portare e comprendere il messaggio dei popoli dell'edificio. Secoli e millenni dopo furono erette le grandi cattedrali che furono per Michelet "giganteschi atti di fede".

Secondo la leggenda, la Massoneria discende direttamente dal re Hiram (ci torneremo più tardi)

Nel corso dell'11 ° secolo uomini di semplice condizione furono educati e divennero architetti, scalpellini, apparati, scultori, vetrai, falegnami, muratori, (...) per dare alla costruzione uno scopo più nobile.

Questa cosiddetta muratura aziendale è nata nel 11 ° secolo con la costruzione della Cattedrale di Sens in competizione con la Basilica di Saint Denis.

Intorno al 1140, un cistercense di nome Garin de Troyes riuscì ad applicare alla cosiddetta geometria piana e con gli elementi e i dati di Euclide, inventò la cosiddetta geometria operativa, chiamata "la linea" tra i Compagnons du Devoir, che non ha bisogno né di un righello né di un compasso.

Aperta a tutti coloro che ne hanno accettato le regole, questa fratellanza ha unito gli uomini innamorati dello stesso ideale: costruire. Nei ranghi, le persone andavano alla ricerca di maestri, compagni di viaggio e anche apprendisti. Furono i primi massoni. Dovresti sapere che questa parola "massone" deriva dal francese moderno. In effetti, nel Medioevo erano massoni.

Il Maestro, spesso chiamato Venerabile, era rispettato non per la sua età ma per la sua funzione, le sue qualità e soprattutto la sua esperienza ed era responsabile dell'organizzazione del lavoro. In questo compito è stato aiutato da altri maestri e supervisori che hanno guidato le squadre. Queste squadre erano composte da compagni di viaggio e apprendisti.

Tutti i mestieri combinati, questi uomini dovevano dare alla luce vetrate, dipinti (...) per mostrare a immagine il significato delle Scritture per il popolo analfabeta.

"Un muratore è obbligato dal suo mandato, a obbedire alla Legge Morale, e se capisce bene l'Arte, non sarà mai uno stupido ateo o un libertino irreligioso"

In Massoneria, Storia e Iniziazione l'autore, Christian Jacq, trascrive la seguente leggenda dal Manoscritto Cooke:

"Durante il 10 ° secolo visse in Inghilterra un re di nome ATHELSTAN. Fu durante il suo regno che Sant'Albano fece costruire la città che porta il suo nome dai muratori. Uno dei figli del re di nome Edwin voleva far parte dei costruttori, divenne geometra e capomastro dopo aver superato tutte le fasi dell'iniziazione massonica.

Eletto Gran Maestro, avrebbe fondato a York la prima Gran Loggia e convocato un'assemblea plenaria nel 925 o nel 926, un'assemblea che si sarebbe poi tenuta ogni anno o ogni 3 anni e che oggi fa parte delle nostre Tradizioni".

La leggenda narra anche che Edwin avrebbe voluto procedere con la stesura di costruzioni specifiche per i massoni. Per fare questo, avrebbe raccolto tutti i rituali massonici di tutti i luoghi e le lingue del tempo. I massoni di tutto il mondo gli avrebbero inviato scritti in greco, latino, francese, tedesco (...). Edwin se avesse fatto una collezione e un libro contenente tutto questo sarebbe stato dato ad ogni nuovo massone. La frase che ha dato inizio a questo libro sarebbe stata:

"Grande Architetto del Cielo e della Terra, Fontana e Fonte di ogni bontà, che costruisce la sua costruzione visibile senza nulla".

La prima menzione conosciuta della parola massone risale al 1376 in un documento storico.

Nel 1390 fu pubblicato il poema massonico chiamato Regius.

Nel 1425 nacque il manoscritto cooke.

LA NASCITA DELLA MASSONERIA MODERNA E DELLE PRIME LOGGE

Nel 1535, il vescovo Ermanno di Colonia sentì che il destino dei costruttori era minacciato e che il ruolo della Massoneria doveva essere nuovamente definito in relazione ai maggiori problemi del tempo. Ha quindi provocato l'incontro a Colonia dove sono arrivate delegazioni di massoni da tutte le capitali europee. La loro prima opera sarà una carta in cui si affermerà l'antichità dell'Istituzione e la sua originalità.

Si deciderà di mantenere in ordine i segni e le parole rituali del patronato di San Giovanni. Questo statuto stabilisce che una Loggia che desidera iniziare un laico deve necessariamente includere 7 membri, posti sotto la direzione di un Maestro.

Nel 1599 divennero noti documenti amministrativi massonici come i verbali della loggia della St Mary's Chapel di Edimburgo. Il 1 ° minuto di un'iniziazione sarebbe datato dal 9 gennaio 1598 e questo nuovo iniziato si chiamava Alexandre Cerbie.

Le Logge sono fissate nelle città, diventano più accessibili ai laici, la Tradizione viene preservata dagli artigiani. Molto spesso sono loro che gestiscono le Logge.

Nell'arcaico rituale scozzese della "parola del muratore" che sarebbe stato elaborato all'interno della loggia calvinista di Kilwinning tra il 1628 e il 1637, noto grazie a una ventina di testi scozzesi scritti nel 17 ° secolo, il nuovo muratore fu comunicato oralmente.

Il primo rapporto che menziona la presenza di un muratore non operativo in una loggia risale al 1634.

L'anno 1677 vide la prima menzione di una carta data a una loggia. 11 anni dopo, Saint Germain en Laye avrebbe visto la creazione di una Loggia fondata dal re Giacomo II Stuart allora in esilio in Francia. Questa 1a loggia fondata nel 1688 avrebbe introdotto in Francia la massoneria scozzese che detiene i più antichi riti, ispirati alle iniziazioni dei Costruttori e alla tradizione templare.

L'anno 1717, più precisamente il 24 giugno, ebbe luogo l'incoronazione di San Giovanni Battista protettore della Massoneria. Questa sarà la nascita della Massoneria moderna chiamata "speculativa". Un potere massonico accentratore di 4 logge fu costituito in una "Gran Loggia" rivendicando l'onnipotenza legislativa e fu il germe della Gran Loggia

Unita d'Inghilterra costituita nel 1813.

Nel 1718, il Gran Maestro Payne chiese di portare alla Gran Loggia qualsiasi materiale d'archivio riguardante la Società, e in diverse occasioni durante le riunioni trimestrali gli furono presentati molti documenti. Nel 1721 presentò un regolamento composto da 39 articoli e dai testi che aveva usato.

29 settembre 1721: un gruppo della Gran Loggia incarica il reverendo Anderson di mettere in ordine le "Vecchie Costituzioni" in un nuovo metodo

Il 25 marzo 1722 fu creata una commissione composta da 14 muratori (2x7).

Il 1723 vide la nascita e la pubblicazione della Costituzione della Confraternita dei Massoni accettata da James Anderson e John Desaguliers. Il 17 gennaio dello stesso anno, in una riunione trimestrale, i lavori sono entrati nell'ordine del Duca di Montagu (l'ex Gran Maestro è regolarmente approvato), Philippe Duc de Warton è stato Gran Maestro e Jean Théophile Désaguliers Vice Gran Maestro.

Di conseguenza, il pastore James Anderson stampò e pubblicò un libro intitolato: Massoni e accettati per l'uso delle logge.

Questo libro espone i doveri e gli obblighi verso l'ordine massonico, la loggia, i fratelli (massoni) e la condotta che un massone deve tenere. Questi obblighi saranno posti nel Libro delle Costituzioni. Questi vecchi archivi (Old Charges) sono in gran parte tratti dal manoscritto COOKE che abbiamo già menzionato. In un modo nuovo ha elogiato le arti liberali "trivium e quadrivium".

Questo manoscritto ha diversi aspetti:

• La massoneria come fondamento delle arti liberali. Questo pensiero si basa sull'universalità dell'architettura attraente per tutte le arti liberali e sul fatto che

"Caino conosceva sua moglie, che concepì e diede alla luce Enok. Costruì una città che chiamò Henoch in onore di suo figlio."

• I "capi" della professione edilizia. Nel Regius, gli "épatrons" menzionati ma non nominati sono sostituiti nel manoscritto COOKe da un riferimento ai Patroni testamentari della Professione.

"Questi antichi boss erano: Severin, Severe, Victorin e Carnophore o Carpophore. Sono rappresentati su una chiave di volta della chiesa di Chars (95)"

Chiamati anche "i 4 incoronati" rappresentano simbolicamente i 4 punti cardinali, irradiandosi da un centro che è l'iniziato stesso e in cui tutto si trova.

- Importazione/Esportazione della Massoneria

Dalla costruzione del Tempio di Salomone all'Inghilterra, attraverso la Francia, questa importazione espressa nel Cooke è un'allegoria usata per significare un fatto brevettuale; vale a dire che l'arte delle cattedrali è apparsa in Francia prima di essere esportata in Inghilterra.

Esistono testi che dimostrano l'invio di architetti francesi nel 12 ° e 13 ° secolo in Inghilterra. Il manoscritto di Cooke dimostra che i massoni, principalmente addestrati nelle arti meccaniche, erano anche istruiti e persino alfabetizzati su un piano di parità con gli studiosi istruiti delle arti liberali.

Nel 1725 compaiono le prime logge francesi e 3 anni dopo la creazione della 1a Gran Loggia di Francia che fu messa a dormire nel 1767.

La prima loggia massonica italiana fu costituita nel 1731 e apparve nel 1732 a Firenze grazie al barone Philipp Von Stosch e al naturalista e medico Antonio Cocchi che fu iniziato lo stesso anno I suoi primi membri erano inglesi ma a poco a poco furono raggiunti da nobili e intellettuali fiorentini. Alcuni attribuiscono la fondazione di questa loggia al duca di Middlesex.

Secondo Ulisse Bacci, direttore della "Rivista Massonica", le logge esistevano a Roma già nel 1724, secondo una medaglia commemorativa.

Secondo Giuseppe Leti nella sua opera "Carboneria e Massoneria durante il risorgimento italiano" seguendo il parere di Sbigoli afferma che le logge esistevano in Toscana dal 1733. In questa stessa opera basata sul giornale "L'acacia" di Buenos Aires che attribuisce all'anno 1729 la fondazione di logge a Firenze e al 1734 la prima loggia di rito scozzese.

1735 voit la naissance du premier texte maçonnique français qui se veut également une suite des Constitutions d'Anderson : Les Devoirs enjoints aux maçons libres. La deuxième édition des Constitutions d'Anderson verra le jour 3 ans après ce texte et 1 an après la publication du discours de Ramsay.

Il 28 aprile 1738, la Chiesa proibì ai cattolici di aderire alla Massoneria la costituzione apostolica In eminenti apostolatus specula di Papa Clemente XII che scomunicò i massoni "senza ulteriori spiegazioni". Le logge sono state vietate da vari poteri civili in molti stati perché molte di esse si sono riunite senza permesso. Nello stesso anno la Gran Loggia di Londra modificò la costituzione. Da teista la Massoneria diventa deista. Il suo Dio è la fede in un'entità suprema chiamata il Grande Architetto dell'Universo.

Nel 1739, il Segretario di Stato vaticano, il cardinale Giuseppe Firrao, decretò la pena di morte per i massoni, nonché la confisca dei loro beni e la distruzione dei luoghi in cui si incontravano.

Nel 1746 fu creata una loggia a Venezia che rimase in funzione fino al 1755. Ha ospitato tra gli altri: Carlo Goldoni, Giacomo Casanova e Francesco Griselini. Casanova sarà arrestato dall'Inquisizione ed è questo che causerà la chiusura della loggia che sarà ricreata nel 1772 e sarà attiva fino al 1777. Nello stesso anno fu creata un'altra loggia a Venezia, una a Vicenza e un'altra a Padova.

Il 1749 vide la nascita della loggia di Chambéry che nel 1752 divenne la Gran Loggia Madre con la possibilità di creare logge in tutto il suo regno: il Regno di Sardegna. Nel 1765 ne creò 3.

Nel 1751 attraverso la bolla papale Providas romanorum pontificum Papa Benedetto XIV ripeté le scomuniche dei massoni. Secondo Giuseppe Leti nella sua opera "Carboneria e Massoneria durante il risorgimento italiano" le logge esistevano a Napoli nel 1751, secondo l'opinione di Rosi.

Il 1756 vide la nascita della prima obbedienza italiana; al Regno di Napoli; la Grande Loge Nationale fondata sotto l'ispirazione della Massoneria francese che fu sciolta nel 1790.

Dal 1756 al 1769 furono create molte logge e quelle anche con i divieti dei Ducati e l'autorità papale.

Nel 1763, 1765 e 1771 furono create 4 logge a Livorno

La Massoneria era "popolare" nonostante l'opposizione vaticana e papale. Una loggia aprì a Roma nel 1735 e fu chiusa 2 anni dopo dall'autorità papale.

Nel 1776 e nel 1787 furono create le cosiddette logge "scozzesi".

Il 27 maggio 1789 il conte Cagliostro cercò di creare una loggia basata sul "rito egiziano" ma fu arrestato e condannato a morte nel 1791 davanti a Sant'Uffizio per la condanna "formale eretica, mago e apertamente massone" che in seguito divenne l'ergastolo.

A causa della sua storia, varie logge si svilupparono in Italia in base all'influenza prevalente nei ducati. Così furono create logge di militari e civili per i francesi; olandese; Tedesco (...) soprattutto nel Nord.

I massoni concordano sul fatto che la Massoneria è l'evoluzione di una società e di un'istituzione la cui origine risale alla nascita dell'universo. Molte spiegazioni e date sono state rivelate dalla sua creazione nel 1717 grazie alla Gran Loggia di Londra. Alcuni fanno risalire la nascita e le origini della Massoneria agli extraterrestri. Extraterrestri perché i simboli che li definiscono non sembrano avere nulla a che fare con i simboli umani. Secondo le Grandi Istituzioni Massoniche e trasmesse da molti Massoni, la Massoneria è considerata una società iniziatica.

Le leggende approvate e trasmesse dalla Massoneria sembrano in molti modi contenere gran parte delle fondamenta dell'ordine e parte della sua tradizione.

La Massoneria ha una sua "divinità" basata sulle origini del Dio cristiano stesso, alle origini del caos. Dio o questa entità divina massonica è chiamato da molte obbedienze Grande Architetto dell'Universo (G.A.D.L.U.). Come si dice "Dio creò la luce" di conseguenza e nella conoscenza della Massoneria così come dei suoi simboli e riti si può concludere che Dio è il primo massone.

Percepire l'universo e le nostre origini da un punto di vista massonico è coerente con molte leggende, storie e tradizioni.

La maggior parte delle leggende del commercio sono di origine biblica e Il Manoscritto Cooke (XV secolo), uno dei più antichi documenti massonici, non sfugge a questa regola e introduce personaggi dell'Antico Testamento nella sua storia.

Eppure, la leggenda più profonda sia simbolicamente che storicamente nella Massoneria è la Leggenda di Hiram. È anche la storia più diffusa nella mente di ogni massone. I rituali massonici hanno notevolmente ampliato questa narrazione biblica creando il resoconto della morte di Hiram che costituisce la maggior parte di alcuni rituali massonici.

LA LEGGENDA DI HIRAM

In ogni storia, leggenda o mito, c'è bisogno di avere delle basi in modo che possa essere collocato nel tempo oltre che nello spazio. Per la leggenda di Hiram, l'unica base tangibile che abbiamo è la Bibbia, più precisamente il Libro di Neblim e il 1° Libro dei Re presenti nell'Antico Testamento e abbiamo anche Tradizione sia orale che scritta.

La leggenda di Hiram rimane oggi una delle chiavi di volta della Massoneria. La risurrezione di Hiram nella persona del nuovo maestro iniziato è integrata nella costruzione del tempio a livello spirituale. Pare che siano esistiti diversi Hiram: 3 appunto.

HIRAM IL RE

Prima del capitolo 5 del Libro dei Re non si fa menzione dell'amicizia tra il re Hiram e il re David come detto nel versetto 15. Dopo il versetto 27, il re Hiram scompare completamente dal Libro dei Re. I Gibliti di cui ci parla il versetto 32, sarebbero stati gli abitanti della città di Gebal. Secondo i commenti della Bibbia, Gebal sarebbe il Byblos dei Greci. Una parola può illuminarci anche sui Giblite e sulla loro funzione: "Gible" che significa "insieme di mattoni disposti per essere cotti". Secondo le scritture, sarebbero stati muratori, tagliatori di pietre e legno e questo spiega perché si fa menzione di loro e del loro lavoro nel versetto 32.

Nel Ketubim, Libro dei profeti precedenti, Salomone è citato per i suoi giudizi e per i salmi. È l'autore tra gli altri del Libro della Sapienza e del Libro dei Proverbi. Durante i quarant'anni che durò il suo regno, è certo che fu in contatto con molti sovrani ma sull'amicizia che avrebbe mantenuto con Hiram non se ne parla.

Hiram era amico di David. Nel versetto 21 del 5° Capitolo del 1° Libro dei Re, Hiram invoca la benedizione del dio degli Ebrei, mentre i Fenici sono politeisti. Sapendo questo sarebbe legittimo chiedersi se il re Hiram non avesse un'origine ebraica.

Quanto al re Hiram, sappiamo chi è: Hiram re di Tiro. Sappiamo da dove viene: da Tiro. Sappiamo dove sta andando: nel regno d'Israele, in Salomone. Inoltre, conosciamo anche il motivo del viaggio: fornire materiali e manodopera a Salomone.

HIRAM IL BRONZATORE

In cosa consistevano queste opere? Niente di meno che tutto l'ornamento del Tempio in costruzione. Per Salomone ha fuso: Il Mare di Bronzo, 10 bacini di bronzo a base rotante, i vasi di cenere, le pale e le scodelle per l'aspersione. Ma la più importante di tutte queste opere fu di fondere le due colonne, i due capitelli, i due tralicci e le quattrocento melagrane dei capitelli. Opere colossali come quelle realizzate da Hiram il bronzatore.

Neftali era una delle dodici tribù d'Israele, la madre di questo Hiram è quindi di origine ebraica e pur essendo fenicio dal padre, Hiram è ebreo poiché nel giudaismo la trasmissione della religione è fatta dalla madre e non dal padre. Ebreo, se non lo è di fatto, forse è nel cuore. Sua madre, come tutte le madri, deve averlo informato delle sue origini fin dall'infanzia, e chissà se non ha tratto in parte le sue conoscenze dall'insegnamento di questa madre che avrebbe instillato in lui le primizie della Conoscenza. Senza dubbio fu anche circonciso per continuare l'alleanza.

Per la sua circoncisione che segna la sua alleanza con Dio e quindi la sua appartenenza al popolo eletto, avrà continuato a ricevere un insegnamento più esoterico, dagli Iniziati. Questi iniziati avrebbero potuto essere egizi, fenici, greci, babilonesi e lo hanno portato alla padronanza della sua arte, maestria che ha motivato la sua fama e la sua venuta poi a Salomone. La sua ebraicità era un vantaggio poiché Salomone sapeva che sarebbe stato compreso nei suoi desideri da qualcuno che capiva l'arte e la religione.

L'opera compiuta è passata alla storia, ma la cosa più sorprendente è che fu lui l'architetto a dare il nome alle colonne. Diverse cose richiedono la nostra attenzione e meritano la nostra attenzione, in particolare per quanto riguarda la Massoneria:

• Hiram il bronzatore erige le colonne. È sicuramente un bronzatore, ma soprattutto un architetto.

Dove trae le conoscenze necessarie per l'erezione delle colonne se non attraverso le sue origini materne che gli avrebbero permesso di incontrare coloro dai quali avrebbe ricevuto un'educazione?

• È anche bronzatore di fonderia; conosce i segreti del mestiere, ma quale lavoro precedente gli avrebbe portato la fama che è sua? Che si tratti della Bibbia o della Tradizione, nessuno menziona le sue opere precedenti o il luogo del suo apprendimento.

• Nomina le colonne e non Salomone, potente re tra i re, o Sommo Sacerdote, poiché le colonne sono destinate al Tempio e sono erette all'interno dei recinti del Tempio.

E queste colonne sono solo un ornamento? Che siano all'interno o all'esterno del recinto, sono una porta d'ingresso al vestibolo che conduce al Santo dei Santi, ma sono anche qualcos'altro: le colonne massoniche.

Sono come i poli di una calamita; uno positivo, l'altro negativo. Si bilanciano a vicenda mentre rilasciano energia. Attraversarle è sia scaricarsi dalla propria energia negativa esterna, sostituirla con un'energia interna positiva, che pone sulla via che conduce al divino e sulla via della propria trascendenza. Le colonne sono una camera d'equilibrio commissionata da Salomone, realizzata da un architetto Hiram, fusa da un bronzatore di Hiram, per dare seguito alle direttive impartite dall'Eterno a David. Sono fatti di metallo; canalizzare l'energia proveniente dallo zenit e quella proveniente dal nadir. Proteggono il Tempio dai fulmini. Agiscono nei tre piani che simboleggiano la trilogia ternaria del Materiale, del Temporale e dello Spirituale.

Il punto di incrocio di questi tre assi equivale al "punto zero". È a questo punto, e in particolare grazie alle tre correnti: tellurica, cosmica e divina, che possiamo essere invitati alla ricerca di noi stessi, quella degli altri e quella della Conoscenza.

All'interno del rito massonico si dice: "Gli Apprendisti ricevono il salario nella colonna B"

Come si vuol dire, ogni sforzo merita lo stipendio e anche la fornitura di materiali. Per la fornitura di legno di cedro, ginepro e operai, il re Hiram percepiva come è scritto "20.000 muids di grano e 20.000 misure di olio vergine ogni anno" Abbiamo il diritto di chiedere lo stipendio di Hiram al bronzatore per il suo lavoro e quando li ha percepiti ma questo non è il nostro argomento.

Hiram il bronzatore è un maestro nel suo campo, figlio di padre tiro e madre di origine ebraica. Viene da Tiro e va a Gerusalemme per fondere e fare gli ornamenti del Tempio.

Per finire su Hiram il bronzatore, i riferimenti citati soprattutto provengono dal 1° Libro dei Re, dal capitolo 5 al capitolo 9. Si parla di Salomone, del re Hiram di Tiro, di Hiram il bronzatore, dei lavori che furono intrapresi alla costruzione del tempio e alla sua decorazione. Oggi, i Massoni continuano a cercare per cercare di trovare risposte che potrebbero non piacere, ma che alla fine li incoraggeranno a continuare il loro interrogatorio, a sforzarsi di sollevare il velo su questo episodio della costruzione del Tempio, e permettere loro di costruire la loro interiorità tempio aggiungendo una pietra. Questa ricerca la possiamo fare anche da noi profani ma non raggiungeremmo lo stesso obiettivo.

Nel 2° Libro delle Cronache, Hiram di Tiro è chiamato Huram, non c'è niente di straordinario, che Hiram il bronzatore è chiamato Huram-Abi, che non è più orfano di padre, ma il più importante ha per sua madre, la cui tribù non è più Neftali come detto prima. Sua madre ora sarebbe Danite, quindi della tribù di Dan. Non cambia molto sul fondo; Hiram il bronzatore ha infatti origini ebraiche. D'altra parte, sulla forma, queste differenze si sommano a quelle già esistenti quanto all'origine dei popoli e delle tribù detti "semiti".

Semita e semitica provengono da "Shem" uno dei tre figli di Noè. Nella Bibbia, l'ebraico è chiamato "Sefath Kena'an, / la lingua di Canaan". Ora Canaan è citato come discendente di Cam, un altro figlio di Noè. Quindi gli Ebrei, gli Ebrei, i Semiti, non avrebbero dovuto portare questo nome poiché - il qualificatore esatto avrebbe dovuto essere "Camita". Semitico anziché camitico, vedova della tribù di Dan e non più di quella di Neftali, questi aprono nuove possibilità nella ricerca di Hiram in relazione alla sua leggenda.

HIRAM IL MAESTRO/L'ARCHITETTO

Ricorda che Master viene dal latino "magister". In francese antico, il magister designava un maestro di scuola del villaggio. Scritto con la "E" finale, significa "potere, autorità" dal latino "Magisterium". Un Maestro è qualcuno che ha il potere di insegnare.

Chi è lui? Da dove viene? Dove sta andando? A queste tre domande essenziali possiamo fornire solo alcune risposte, poiché nessuno scritto parla di un "architetto Hiram".

Chi è lui? Nessuna parentela conosciuta. Potrebbe essere il non essere, colui attraverso il quale tutto accade, dato che non abbiamo informazioni relative al suo viaggio. Nel rituale massonico si dice che sia un essere fatto di carne e ossa e come tale è mortale e quindi soggetto a corruzione. È solo in questo stesso rituale che viene nominato architetto e costruttore del Tempio di Salomone. Ebreo dalla madre, fece costruire un edificio in pietra scolpita destinato a contenere l'Arca dell'Alleanza, mentre si dice "che nessun utensile di metallo toccò la pietra del Tempio per tagliarla".

Il Rituale Massonico indica il luogo del martirio di Hiram e della sua morte: il cantiere, all'interno del recinto del Tempio, nonché le circostanze che portarono alla sua morte. Senza un luogo preciso, il luogo della sua sepoltura fu scoperto "all'ombra dell'acacia" e le sue spoglie furono riesumate. Dagli strumenti lasciati dietro, sappiamo qual è il grado dei criminali. Sono compagni; tre cattivi compagni.

Hiram stava facendo sul cantiere quello che fa ogni Maestro; il suo giro di ispezione. Si assicurò che il lavoro della giornata fosse finito, che gli operai avessero ricevuto il loro salario e se ne fossero andati felici e soddisfatti. Invece, chi trova? Tre insoddisfatti, tre ambiziosi desiderosi di ottenere i segreti del Maestro che erano stati ritenuti indegni di ricevere.

Hiram è entrato attraverso la porta occidentale che chiude la cava del giorno e terminata la sua ispezione, si dirige verso la porta meridionale. È stato colpito da un pesante filo a piombo sulla spalla destra ed è caduto al ginocchio destro. Cerca di fuggire dall'Occidente; lì ricevette la sua seconda ferita inferta da un colpo all'altezza della spalla sinistra. Sotto la violenza di quest'ultimo, cadde sul ginocchio sinistro. Barcollando, si diresse a est pensando di poter scappare. Convocato per rivelare la parola dei Maestri, preferì morire che parlare. Ricevendo un violento colpo di maglio mortale alla fronte, crolla ed espira sul pavimento del cantiere.

La catena di trasmissione della Conoscenza è stata spezzata; un collegamento era appena scomparso. La catena più forte era buona quanto il suo anello più debole. D'ora in poi, la sostituzione e la ricerca prenderanno il posto della Vera Parola, nell'attesa e nella speranza di trovarla un giorno.

In fretta, i fratelli cattivi portano via il corpo e seppelliscono le spoglie del martire senza prendere la precauzione di imballare la terra dalla tomba. In fretta, gli assassini lasceranno o pianteranno un ramo di acacia, permettendo a coloro che cercano di trovare "la Conoscenza che riposa all'ombra dell'acacia".

Possiamo supporre che questo delitto sia stato commesso in una notte d'estate, essendo queste le più brevi al tempo del solstizio, perché la luce tornando dall'Oriente, il lavoro stava per riprendere, perché come concepire che tre uomini non avevano il tempo di nascondere meglio il corpo in un luogo più distante.

Infatti, se il tempo non fosse stato loro nemico, il corpo sarebbe stato portato in un luogo molto più lontano dal sito dove nessuno l'avrebbe scoperto. Tuttavia, anche in questi tempi biblici, per andare lontano e velocemente, era necessario avere o il tempo necessario o un mezzo di trasporto. Quindi, se per Hiram il tempo si è fermato, i massoni hanno tutta la vita per cercare di trovare e cercare di capire.

D'altra parte, la fuga è così frettolosa che si dimenticano una squadra e un compasso, due strumenti che designano il rango degli autori dell'omicidio. Anche per credere che c'era solo un'acacia sulle discariche, oltre alla terra non imballata intorno.

Trovati, dissotterrati, gli operai radunati davanti al cadavere ammaccato non potevano che vedere l'efferato delitto e capire che il tarlo era nel frutto; gli assassini erano compagni. Facevano parte del cantiere.

Proviamo a immaginare quale possa essere stata la loro commozione e la loro angoscia quando hanno voluto prendere le spoglie del Maestro per dargli una sepoltura degna del suo rango? La carne lascia le ossa, prova che il tempo è passato poiché la corruzione ha già fatto il suo lavoro e loro dovranno riunirsi per riuscire a sollevare il corpo - o ciò che ne resta - e se lo "rimuoveranno" va bene portarlo via se non lasciarlo sul posto e fargli una degna sepoltura.

Devono riunirsi per sollevarlo, si dice. Cinque uomini, cinque padroni, cinque operai. Rappresentano i cinque punti perfetti di maestria. E HIRAM, quante lettere ha il suo nome? Cinque.

Nella Massoneria il numero 5 è importante. Il grado di Compagno è legato al numero 5 perché si dice che l'età del compagno sia 5 anni. Anche il 3 è importante, è quello dell'apprendista e questo spiegherebbe quindi anche il simbolismo del fatto che furono 3 cattivi compagni ad assassinare Hiram, erano cattivi perché non ne erano degni. Nel rito massonico, durante il passaggio dal grado di apprendista a quello di compagno, il massone cresce e compie 5 viaggi iniziatici. Incontra i 5 sensi (vista, udito, tatto, gusto, olfatto); i 5 ordini di architettura (dorico, ionico, corinzio, toscano, composito); le arti liberali (grammatica, retorica, logica, aritmetica, geometria, musica, astronomia); i 5 grandi iniziati (Mosè, Socrate, Pitagora, Gesù, Confucio) ed esegue l'ultimo a mani libere, da solo. Alla fine di tutto il nuovo compagno incontra la stella sfolgorante a 5 punte.

INTRODUZIONE ALL'OPERA

Carlo Osvaldo Goldoni è nato il 25 febbraio 1707 a Venezia in Ca' Centanni a San Tomà. Veniva da una buona famiglia veneziana ed era un autore drammatico. Goldoni ha creato la sua prima commedia a 8 anni. Prima era avvocato, è solo nel 1748 che si dedica al teatro e diventa autore comico. Adulto, il Goldoni ha un contrato con il teatro veneziano San Samuele e una molta ricca produzione nascerà: 250. Dopo una scommessa con la compagnia teatrale Medebac, Goldoni crea 16 commedie in un anno. Goldoni era un vero scrittore di teatro per professione ed è anche soprattutto conosciuto per la sua riforma teatrale. Prima di lui, durante il Barocco, c'era la Commedia Dell'Arte dove gli attori recitavano sulla base di un canovaccio sul quale dovevano improvvisare e usavano delle maschere tradizionali che incarnavano tipi fissi. Nel teatro goldoniano, gli attori abbandonavano l'improvvisazione per la recitazione sulla base di un copione scritto. Goldoni abolisce le maschere e passa dal tipo al carattere perché per lui è importante l'analisi psicologica dei personaggi. Nelle opere goldoniane, le trame sono realistiche con uno scopo moralistico che vuole proporre dei modelli positivi di virtù. La sua riforma teatrale fu molto graduale per non deludere il pubblico affezionato alle maschere. Attraverso questa riforma, Goldoni a voluto proporre la realtà della società a lui contemporanea e i valori borghesi in modo non polemico, ma comico e con buonsenso, l'intento era di educare e correggere i costumi attraverso una rappresentazione comica. Nel 1762, Goldoni parte per Versailles per diventare il maestro di lingua italiana della figlia di Luigi XV e per Luigi XVI. Nel 1784, come Casanova scrive e fece pubblicare le sue memorie in francese. 9 anni dopo, il 6 febbraio 1793 decede a Parigi

L'APPARTENENZA MASSONICA DI CARLO GOLDONI

L'appartenenza massonica di Carlo Goldoni è stato ed è ancora oggi oggetto di discussione. Per alcuni lo scopo di Goldoni era di far ridere il pubblico del teatro di San Angelo negando ogni seria importanza alla massoneria. Alcuni vedono l'opera come una prova di non appartenenza alla massoneria ma anche la sua "estraneità" all'ordine. Ma alcuni ritengono la sua probabile appartenenza alla massoneria e a una loggia riferendosi alla creazione di una Loggia inglese a Venezia nel 1746 ritengono anche che la sua lunga amicizia con Parmenione Trissino (venerabile della loggia di Vicenza) e molti patrizi veneziani che figurano nell'elenco dei massoni nel 1785. Questa tesa del Goldoni massone si tiene anche quando si riguarda le sue amicizie toscane come quella con Antonio Cocchi che è il primo massone italiano iniziato in una Loggia sul territorio italiano, ma anche quella con Giulio Rucellai al quale dedicò la sua Locandiera. A favore della tesi di un Goldoni massone, una prova si trova in un'opera di Francesco Griselini: I liberi muratori. Dopo la prima rappresentazione delle Donne Curiose, nel 1754 Griselini pubblica la sua opera. Conscio del pericolo di figurare come autore di un'opera dedicata alla massoneria, Griselini decide di usare un pseudonimo anagrammatico: Ferling Isac Crens. Il Griselini stesso si presenta come "Fratello operajo della Loggia di Danzica". Nell'opera, è assente il nome dello stampatore che abitualmente non era omesso. Ma, il più interessante per il nostro lavoro e anche sull'ipotesa che Goldoni era massone è la dedica dell'opera: "Al celebre e illustre Signore Aldinoro Clog autore comico prestantissimo". Anche in questo caso si trova uno pseudonimo anagrammato quello di Carlo Goldoni. Se continuammo ad osservare questa dedica, più lontani si legge "Al celebre, magnifico, e illustre Signore Aldinoro Clog primo introduttore del buon gusto nel teatro comico, diletto delle Muse, e d'Arcadia filologo, e giurisperito chiarissimo onore, e decoro della letteraria Repubblica, questa commedia composta l'anno MDCCLII Isac Ferlingo Crens in segno di venerazione e rispetto dedica e consagra". Un'opera apertamente sulla Massoneria con una dedica anagrammatica a Carlo Goldoni rinforza la tesi che era massone ma è più logico dirsi che non è una prova di un Goldoni massone perché ci vede che c'è un gioco tra questi due autori di commedie che hanno parlato dello stesso soggetto: per uno si rivela direttamente, per l'altro è sottointeso ma nei due è una critica comica della massoneria per anche mostrare il ridicolo della massoneria. A questo pensiero, si rivela che Goldoni non è massone, neanche Griselini perché c'è niente per affermare chiaramente che erano massoni. E soprattutto, non c'è un elenco con i loro nomi e avere delle amicizie massoniche non si permette di affermare che era un massone. Il Goldoni ha sempre voluto far ridere il suo pubblico, non ha mai affermato una cosa al disfavore di un'altra, dunque, anche sé molti esitano sulla questione della sua appartenenza o no, nel nostro studio ci baseremo sul fatto che non lo era e che a voluto "mettere in avanti" questa cosa senza prendere partito per la massoneria. Avremmo potuto essere certi sé avesse fatto almeno una volta riferimento a una Loggia e ci avrebbe permesso di sapere le profonde motivazioni che erano le sue. Su questo dubbio (Loggia precisa o non), Goldoni ci otta dal dubbio nelle sue Memorie riesumando la commedia.

LO SCOPO DELL'OPERA

Per alcuni autori come Carlo Del Negro, Le donne curiose potrebbe essere un protesto per manifestare ostilità difronte al pontefice. Nel 1751, il pontefice aveva istaurato la bolla Providas Romanorum che era una nuova condannazione verso la massoneria dopo quella del Papa Clemente XII nel 1738 con la sua bolla In eminenti apostolatus specula. Sono numerosi gli indizi verso di questo:
* Il luogo dove si svolge la scena: Bologna
"La Scena si rappresenta in Bologna"
In quella epoca, Bologna era sotto il controllo dello Stato papale ed era anche la città natale del Papa Benedicto XIV
* 2 personaggi sono Bolognesi
  - Ottavio
  - Lelio
* Pantalone
Pantalone "introduce" la Massoneria nell'opera ma soprattutto, come Goldoni, è un veneziano
Si può anche presumere che il scopo dell'opera era di mostrare alla Chiesa quello che è realmente la Massoneria: che non si fa cose male…
e quello Goldoni lo fa personificando la Chiesa nelle donne.
La prima volta che l'opera è stata veramente rappresenta fu per il Carnevale del 1753 per il Teatro Sant'Angelo. Rivenendo sul fatto che è come tutte le opere di Goldoni una commedia, non è per niente che è stata rappresentata al carnevale. È stata rappresentata al carnevale perché ci faceva ridere il pubblico. Il periodo di pubblicazione delle Donne Curiose si calcola tra il 1751 e il 1753 anche se datiamo l'opera nel 1751 e che dunque si ritrova a far parte delle famose "sedici" per la compagnia Medebach. Il testo alla nostra disposizione oggi non è l'originale, come abbiamo già detto è stato rappresentato nel Teatro di Sant'Angelo ma è stata pubblicata più tardi dunque a subito modificazioni… Il Goldoni, verso di questo ce lo racconta :
"avverto il lettore di non prestar fede alle date delle mie Opere stampate, essendo quasi tutte false." (p.197).
Goldoni nelle sue memorie cita alcune edizioni delle sue opere e in nostro caso delle Donne Curiose che ci prova il successo dell'opera. Ancora oggi è il caso anche sé non ha mai subito riflessioni… è anche rivisitata. Ad esempio, esiste una versione opera dell'opera fatta da

Ermanno Wolf-Ferrari sul libretto di Hermann Teibler: Die neugierigen Frauen.

ANALISI GENERALE DELL'OPERA

Al primo abbordo, l'opera appare come fatta a partire di nulla: una società di amici che decide di riunirsi quotidianamente e i suoi membri escludono le loro spose dagli incontri. Questa cosa suscita la curiosità del lettore ma anche quella dello spettatore nel 1753. Alcuni pensano che si ritrovino per giocare e che mettono il loro patrimonio familiare in gioco. Chi ha paura che si incontra altre donne, chi pensa che stanno cercando il lapis philosophorum (pietra filosofale). Solamente Arlecchino, Brighella e Corallina sono preoccupati dalla curiosità di queste donne e decideranno di introdurle in modo nascosto. Osservando, scoprirono che queste riunioni proibite non nascondono qualcosa di male e dopo una crisi tutti si riconcilierò, sotto l'auspicio dell'amicizia/fraternità. I massoni sono stati trasparenti verso queste donne curiose.

Da un punto di vista solamente teatrale, l'ambiente manca di situazione drammatica o comica più intesa. Ma, ricordandosi che l'opera si mostra la massoneria in modo segreto si capisce perché. Goldoni sembra aver soprattutto voluto far passare un messaggio preciso: la massoneria non è come la descrive la Chiesa. Anche se non abbiamo irrefutabili prove di un Goldoni massone, la massoneria è ben presente nell'opera e questa società di amici non l'ho è più perché è una loggia con i suoi membri: Pantalone, Leandro, Florindo e Ottavio. Come in tutte le logge ma anche i massoni dell'epoca sono sospesi verso il mondo perché il solo fatto di esistere e di appartenere alla massoneria era proibito. Sono sospesi anche con i candidati a causa dei propri segreti e quelli della massoneria.

Quell'epoca era un periodo difficile in cui il segreto massonico ne era veramente uno, e dunque era necessario proteggerlo soprattutto dopo la bolla papale: In eminenti apostolatus, il 28 aprile 1738. In quel periodo, la massoneria moderna aveva solo 21 anni. Questa bolla a scomunicato tutti i massoni a causa della loro mancanza di trasparenza. La scomunicazione dei massoni sarà solamente abolita 245 anni dopo da papa Giovanni Paolo II all'occasione della riforma del diritto canonico. Per esser più preciso, il 25 gennaio 1983 promulga un nuovo Codice di Diritto Canonico eliminando l'uso della parola "massoneria". Il codice prevede anche l'abolizione di tutte le leggi penali.

Nell'opera, le accuse (…) derivano dalla natura di segretezza della Massoneria. Questo anima la curiosità di Beatrice e Rosaura ma anche Eleonora

"poiché non posso sapere ciò che fai, mi vien da pensare che hai qualcosa da nascondere e se nascondi qualcosa è certamente qualcosa di male."

Verosimilmente, l'assunto diventa più indiscutibile:

" se in ciò che tieni segreto non c'è colpa, perché lo tieni segreto? "

Gli uomini, nello stesso tempo, tentano di convincere del contrario.

Ma una nozione nell'opera è importante e anche legata alla massoneria: il segreto. Per illustrare questo prendiamo un esempio si due membri di un gruppo gli amici condividono i Lori propi segreti questo contribuisce a rinforzare la relazione tra loro. se una terza persona integra questo gruppo di due e condividere segreti con loro voi il segreto comincia ad essere popolare perché nel nostro esempio piccolo al piccolo tutto il gruppo conoscerà questi segreti ed è anche così che nasce delle tradizione ma anche delle memorie ma anche le società segrete come la massoneria. Quando si pensa una loggia di massoni è come un gruppo di amici perché tutti coinvolgendolo segreti come di essere massone. finalmente un gruppo di amici e come una loggia massonica e non è per niente che Goldoni usa le parole amici e amicizia. per essere preciso Goldoni ripeta approssivamente più di 60 volta quelle parole.

i massoni come nell'opera sono riservati verso gli altri che chiamano profani. questa "mise en écart" conduce alla loro esclusione e questa esclusione conduce a una fedeltà tra i membri è questa fedeltà conduce la fraternità. Questa fraternità che solo i membri della massoneria conoscono è una dei valori della massoneria.

La curiosità delle donne (Beatrice, Rosaura, Eleonora e Corallina) è umana ma soprattutto comprensibile e ci aiuta a capire come un segreto è difficile a guardare verso gli altri. Se lei non avessero mai saputo che i loro uomini si incontrano… il loro segreto sarebbe stato solo conosciuti da loro.

FOCUS SU ALCUNI PUNTI
DEDICA

Goldoni dedica la sua opera a "l'illustrissimo signor abate Antonino Uguccioni patrizio fiorentino". Per essere più preciso si tratta di Antonino Maria Uguccioni di Pier Filippo, membro autorevole di una delle più antiche accademie del mondo: la Accademia delle Arti del Disegno. I membri di questa accademia erano anche membri della Massoneria.

Una delle virtù riconoscete alla Massoneria è citata in questa parte "L'onestà de' costumi, la massima sincerità di cuore, la generosità dell'animo, la dolcezza del tratto, l'affabilità, la moderazione, la cortesia, qualità sono in V.S. Illustrissima, che la rendono a tutti gli ordini delle persone oggetto di venerazione e di meravigli"

Il rifiuto delle donne in Massoneria è anche evocato "La curiosità di alcune Donne somministratomi ha l'argomento, non già quelle virtuose e magnanime, che degne sono dell'amabilissima di Lei conversazione e che costì e dapertutto ebbi anch'io la fortuna di conoscere e di ammirare; ma quelle alle quali un tal difetto è comune, per debolezza di animo particolare, non per natura del gentil sesso". Goldoni ci ha tenuto a far sapere che le donne di cui tratterà non rappresentano l'intero genere femminile, ma delle eccezioni. Come scritto nel Rituale di Primo Grado del Grande Oriente d'Italia: "Fratello, essendo la nostra Iniziazione solare, le donne non sono ammesse ai nostri Lavori; tuttavia, noi le rispettiamo e le onoriamo. Questi guanti sono destinati a Colei che rappresenta la tua perfetta polarità contraria, cioè quella lunare.".

ATTO I
SCENA 1

"Lelio: Se venissero qui, ci farebbero perder la testa."
Scherzando, Goldoni dichiara una scomoda verità su uno dei motivi più solidi per tenere le donne fuori dai lavori massonici: in presenza delle donne, sarebbe più difficile realizzare una propria e vera fratellanza.
"Florindo: Quel che più le tormenta, è la curiosità che hanno di sapere quello che noi facciamo in queste nostre camere."
Oltre il fastidio della curiosità, il timore della indiscrezione era superficialmente attribuito al genere femminile. Si vede anche in una canzonetta massonica dello stesso secolo che finisce con queste parole: "Né tener san donne imbelli/ Il segreto dei fratelli"
"Florindo (Alzandosi): Ciascheduno in questa nostra amichevole società soddisfa il proprio genio, e passa il tempo tranquillamente in tutto ciò che onestamente gli dà piacere."
Ogni membro trova nei lavori di Loggia ciò che più gli aggrada; alcuni di ascoltare interventi di un certo spessore culturale, altri la quiete e la compagnia. (...). Tutti i membri, di buoni costumi hanno posto in questo consesso/società.
"Lelio: Gran galantuomo è questo signor Pantalone! Egli ha eretto questo nostro divertimento; egli regola assai bene la nostra compagnia; ci dà ben da mangiare, e credo vi rimetta del suo."
Possiamo vedere Pantalone come Maestro Venerabile della Loggia. In effetto, è il padrone di casa, come detto da Goldoni nelle sur Memorie "Essendo Pantalone negoziante veneziano, alla testa di una società di persone del suo stesso rango, prende a pigione una piccola casetta, nella quale spesso adunasi questa compagnia" (Tomo II, p.98). Nel Settecento, era corrente per una Loggia di riunirsi a casa di uno dei membri, che metteva generosamente a disposizione alcuni locali suoi. Ma, non era necessariamente il Maestro Venerabile.

ATTO I
SCENA 2

"Pantalone: Patroni cari, amici cari. Amicizia.
Ottavio: Amicizia (si abbracciano e si baciano)
Pant: Amicizia
Florindo: Amicizia (fanno lo stesso)
Pant: Amicizia
Lelio: Amicizia (fanno lo stesso)
Pant: Amicizia
Leandro: Amicizia (tutti dicono amicizia, e si abbracciano)"
Anche se la ripetizione di "Amicizia" et delli abbracci sembrano essere
dei scherzi, sono in realtà salutazione massoniche.

ATTO I
SCENA 3

"Brighella: E pur, sior padron, se la savesse quanti lunari se fa per sta conversazion limitada, per sto logo dove no pol intrar chi no xe della compagnia! Chi ghe ne dis una, chi ghe ne dis un'altra, e specialmente le donne le se sente a morir de voia de venirghe, de véder, de saver."
È il destino della Massoneria, quello di attirare curiosità secondo il teorema (immediato quando infondato): "Se non hanno nulla da nascondere, perché si nascondono?" Sono d'altra parte, nella sostanza, le stesse parole che Clemente XII aveva usato nella sua bolla In eminenti (e riportate da Benedetto XIV nella Providas Romanorum): "se non operassero iniquamente, non odierebbero tanto decisamente la luce". Ancora, Benedetto XIV, nella Providas Romanorum, nell'elencare i motivi di condanna della Massoneria, scrive: "Il secondo motivo è la stretta e impenetrabile promessa di segreto, in forza del quale si nasconde ciò che si fa in queste adunanze, cui meritamente si può applicare quella sentenza che Cecilio Natale, presso Minucio Felice, addusse in una causa ben diversa: "Le cose oneste amano sempre la pubblica luce; le scelleratezze sono segrete". Ce n'è abbastanza per sostenere che l'opera di Goldoni sia una risposta, e una accorata difesa, della Massoneria dalle accuse della Chiesa.

ATTO I
SCENA 7

"Eleonora: Vado subito anch'io. Amiche, se saprò qualche altra cosa, verrò subito a confidarvela.

Beatrice: Ma quella del lapis non è poi vera.

Ele: Non è vera? Anzi verissima: dalla sarta vi era il fratello del garzone del muratore, e ha detto che il padrone di suo fratello è andato nel casino a fare dei fornelli, e poi hanno fatto una provvisione di tanti vetri; e ha detto il compare della sarta, che coi fornelli e coi vetri si fa il lapis philosophorum. E la sarta è una donna che se ne intende; e io, quando dico una cosa, non fallo mai.

Corallina: Credetemi, non sa quello che si dica. Coi fornelli si cucina anche da mangiare, e coi vetri si dà da bere. Lo zoppo mi ha detto che cavano una fossa, e ho sentito dire da tanto, che vicino a quella casa vi sia un tesoro, e senz'altro lo cavano; e io, quando parlo, parlo con fondamento, e dico sempre la verità.

Bea: Io credo che non sappiano niente affatto.

Ros: Vogliono che sia tutto quello che si figurano.

Bea: Mi par di vederli con le carte in mano.

Ros: e io son tanto certa che fanno all'amore, quando son certa d'aver da morire."

In questi dialoghi la parola "muratore" appare chiaramente. La Massoneria in alcuni casi è chiamata Libera Muratoria e i suoi membri muratori. In questi dialoghi Goldoni ironizza sul fatto che spesso le congetture si rivelano come sbagliate e a volte, la spiegazione è la più semplice possibile. Tutto il dialogo finale di questa scena è riempito di clichés sulla vera natura Massoneria (lapis philosophorum,...). Fatto interessante: ai nostri giorni, due secolo e mezzo dopo la pubblicazione dell'opera, questi clichés esistono ancora.

ATTO I
SCENA 9

"Rosaura: Se non vogliono che si veda, vi sarà qualche cosa di brutto" Ancora una volta, è la percezione sulla massoneria proclamata dalla Chiesa nei suoi documenti antimassonici. Soprattutto la bolla In eminenti, dove Clemente XII scriveva "Nisi enim male agerent, tanto nequaquam odio lucem haberent"/ "se non operassero iniquamente, non odierebbero tanto decisamente la luce"

ATTO I
SCENA 10

"Florindo: Quando penso che per darle soddisfazione dovrei mancar alla mia parola, son un uomo d'onore, non ho cuore certamente di farlo."
Cui, Florindo si mostra di possedere i valori richiesti per essere un massone.

ATTO II
SCENA 4

"Ottavio: Eh io non bado a queste piccole cose."
Un altro insegnamento massonico ci è presentato: non lasciarsi influenzare dagli aspetti formali, ma puntare alla sostanza delle persone.

ATTO II
SCENA 13

"Leandro: Servo, signor Pantalone.

Pantalone: Amicizia.

Lean: Amicizia. (si abbracciano)

Pant: Questo xe el nostro saludo. No se fa altre cerimonie."

In questo dialogo si conferma che questo abbraccio è un saluto rituale, in questo caso saluto massonico.

"Leandro: Va benissimo. Tutti i complimenti sono caricature.

Pantalone: Sì ben; se usa dir per civiltà delle parole, senza pensar al significato, senza intender, co se le dise, quel che le voggia dir. Per esempio, servitor umilissimo vuol dir mi dichiaro de esser so servitor, ma se ghe domandè un servizio che no ghe comoda, el ve dise de no; e po el sior umilissimo ve tratta e ve parla con un boccon de superbia, che fa atterir. Patron reverito xe l'istesso. I dà del patron a uno che no i se degna de praticar.

Lean: Signor Pantalone, un mio amico vorrebbe essere della nostra conversazione.

Pant: Xelo galantomo?

Lean: Certamente."

Qui, vediamo l'ammonimento a guadarsi dai cerimoniali pomposi ma vuoti che rischiano di diventare caricaturali, ridicoli… Vediamo anche Pantalone che ribadisce a Leandro di non usar formule vuote, formali… Quando Leandro si parla di un amico suo, in realtà a convitato un profano (un non massone) a entrare nella loro Loggia e lo propone a Pantalone che gli manda se sia un galantuomo ossia un "uomo libero e di buoni costumi" perché erano le condizioni per essere massone.

"Pantalone: A pian co sto certamente. Dei galantomeni de nome ghe ne xe assae, de fatti ghe ne xe manco. Che prove gh'aveu che el sia un galantomo?

Leandro: Io l'ho sempre veduto trattare con persone civili.

Pant: No basta. In tutte le conversazion civili, tutti no xe galantomeni, e col tempo i se descoverze.

Lean: È nato bene.

Pant: No xe la nascita che fazza el galantomo, ma le bone azion."

Ecco è presentato la massoneria settecentesca che non coopta giudicando la nascita o gli atteggiamenti formali, ma la sostanza dei fatti, le azioni del bussante.

ATTO II
SCENA 23

"Rosaura: Senti. Ho le chiavi.

Arlecchino: Avì le chiave? Chi ve l'ha dade?

Ros: Me le ha date mio padre: eccole. Apriremo da noi, senza che nessuno se ne accorga. Vi è niente colà da nascondersi?

Arle: Gh'è un camerin … ma … no l'è mo a proposito."

Goldoni parlando di camerin si riferisce al gabinetto di riflessione. Il gabinetto di riflessione è la prima tappa dell'iniziazione massonica: un luogo dove si raggiungono solitudine, silenzio e soprattutto intimità. Un luogo dove il punto di partenza "fisico" personale ma anche collettivo e soprattutto irrevocabile.

ATTO III
SCENA 1

"Brighella: Le vegna con mi, e no le se indubita gnente. Le metterò in t'un logo, dove senza esser viste le vederà.
Beatrice: Che luogo è quello dove ci volete mettere?
Bri: Una camera scura dove no ghe va nissun.
Cor: Che sia la camera del tesoro?"
Questa piccola battuta conferma che si tratta del gabinetto di riflessione.

ATTO III
SCENA 4

"Pantalone: Coss'è sto arcano? Qua no se fa scondagne, no se dise mal de nissun, né se offende nissun. Ecco qua i capitoli della nostra conversazion. Sentì se i pol essere più onesti, sentì se ghe xe bisogno de segretezza.

1.	"Che non si riceva in compagnia persona che non sia onesta, civile e di buoni costumi".

2.	"Che ciascheduno possa divertirsi a suo piacere in cose lecite e oneste, virtuose e di buon esempio".

3.	"Che si facciano pranzi e cene in compagnia, però con sobrietà e moderatezza; e quello che eccedesse nel bevere, e si ubbriacasse, per la prima volta sia condannato a pagar il pranzo o la cena che si sarà fatta, e la seconda volta sia scacciato dalla compagnia".

4.	"Che ognuno debba pagare uno scudo per il mantenimento delle cose necessarie, cioè mobili, lumi, servitù, libri e carta ecc.".

5.	"Che sia proibita per sempre la introduzion delle donne, acciò non nascano scandali, disensioni, gelosie e cose simili".

6.	"Che l'avanzo del denaro che non si spendesse, vada in una casa in deposito, per soccorrere qualche povero vergognoso".

7.	"Che se qualcheduno della compagnia caderà in qualche disgrazia, senza intacco della sua riputazione, sia assistito dagli altri, e difeso con amore fraterno".

8.	"Chi commetterà qualche delitto o qualche azione indegna, sarà scacciato della compagnia".

9.	(E questo el xe el più grazioso, el più comodo de tutti).
"Che sieno bandite le cerimonie, i complimenti, le affettazioni: chi vuol andar, vada, chi vuol restar, resti, e non vi sia altro saluto, altro complimento che questo: amicizia, amicizia". Cossa ghe par? Èla una compagnia adorabile?
Flamminio: Sempre più mi consolo di esservi stato ammesso."

Qui, Pantalone elenca un analogo. Goldoni ha fatto la scelta di nove regole anche sé ci sono dieci usuali. Quelle regole sembrano essere un riassunto degli Antichi Doveri dei Liberi Muratori.

La prima regola riprende quello che è iscritto nei Doveri di un libero muratore (1723). Nel primo capo si parla "di uomini buoni e sinceri o uomini di onore e di onestà" e nel terzo capo che "le persone ammesse come membri di una Loggia devono essere uomini buoni e sinceri nati liberi e di età matura e discreta, non chiavi, non donne, non uomini immorali o scandalosi, ma di buona reputazione". Nel rituale di iniziazione, prima di ottenere il grado di Apprendista si parla "di un profano, uomo libero e di buoni costumi, che cerca la Luce".

Per la seconda regola, ancora una volta, I doveri di un libero muratore si descrive il comportamento da tenere quando la Loggia è chiusa e che i Fratelli/Membri sono usciti. Nel capo VI, si legge "Potete divertirvi con innocente allegria, trattandovi l'uno l'altro a vostro talento, ma evitando ogni eccesso, o di spingere alcun Fratello a mangiare o bere oltre la sua inclinazione o di impedirgli di andare quando le circostanze lo chiamano, o di fare o dire cose offensive e che possono impedire una facile e libera conversazione; poiché questo turberebbe la nostra armonia e vanificherebbe i nostri lodevoli propositi."

Ancora una volta, nel capo VI dei doveri di un libero muratore, si raccomoda di evitare "ogni eccesso, o di spingere alcun Fratello a mangiare o bere oltre la sua inclinazione".

La quarta regola si riferisce alle capitazioni che un massone versa annualmente.

La quinta regola riprende di nuovo capo III dei doveri di un libero muratore diciando che "Le persone ammesse come membri di una Loggia devono essere uomini buoni e sinceri, nati liberi e di età matura e discreta, non schiavi, non donne, non uomini immorali o scandalosi, ma di buona reputazione". In molti documenti come L'Identità del Grande Oriente d'Italia si legge che "I massoni hanno stima, rispetto e considerazione per le donne. Tuttavia, essendo la Massoneria l'erede della Tradizione Muratoria operativa non le ammette nell'Ordine." Ovviamente, il nostro soggetto non la delicata questione della iniziazione massonica femminile ma si permette di illustrare il pensiero verso l'ammissione delle donne.

La sesta si tratta soprattutto del tronco della vedova. Il tronco della vedova in quella epoca era un fondo di solidarietà di una Loggia che permetteva di venire in aiuto alle vedove e orfani di uno o più membri deceduti. Oggi, quel tronco è diventato un fondo benevolo per venire in aiuto a delle associazioni massoniche…

La settima regola tratta del secondo dovere di un massone, come descritto ancora oggi nel rituale di iniziazione in grado di Apprendista: "soccorrere i vostri Fratelli, alleviare le loro disgrazie e assisterli". Nello stesso rituale, il candidato giura di "soccorrere e confortare i suoi

Fratelli". Nei doveri di un libero muratore, nel capo 6, sul comportamento verso un fratello si legge che "se egli è in bisogno, dovete aiutarlo se potete, oppure indirizzarlo dove possa essere aiutato".

L'ottava regola è molto legata alla Costituzione del Grande Oriente d'Italia, soprattutto all'articolo 15 che tratta delle colpe e delle sanzioni. "I Liberi Muratori, qualunque sia il loro grado e la loro funzione, sono sottoposti alla Giustizia Massonica e vi restano soggetti anche se in sonno o decaduti. Costituisce colpa massonica l'inosservanza dei Principi della Massoneria e delle norme della Costituzione e del Regolamento dell'Ordine. Integrano gli estremi della colpa massonica:

a-) ogni contegno nei rapporti massonici contrario ai sentimenti di rispetto, di fraternità e di tolleranza;

b-) ogni azione contraria alla lealtà, all'onore od alla dignità della persona umana ed ogni comportamento, nell'ambito della vita profana che tradisca gli ideali dell'Istituzione."

Leggendo il capo 4 dei doveri di un libero muratore vediamo che "Tutte le preferenze tra i Muratori sono fondate soltanto sul valore reale e sul merito personale". Nessun regolamento potrebbe essere chiaro, nell'escludere di ogni formalismo profano nelle parole di Pantalone "Che sieno bandite le cerimonie, i complimenti, le affettazioni".

CONCLUSIONE

Questo lavoro aveva l'ambizione di presentare cosa è la massoneria da diverse prospettive, anche se si ferma al XVIII secolo. L'uso delle Donne Curiose è stato utilizzato per illustrare come la massoneria si rifletteva nel XVIII secolo, agli inizi in Italia dove era più contestata rispetto ad altri paesi...

All'inizio, fu necessario dimostrare cosa fosse la massoneria, gli aspetti diversi che la compongono, in particolare il famoso segreto massonico. Lo studio della sua nascita e della nascita delle prime logge ci ha permesso di entrare nel contesto dell'argomento scoprendo anche le fasi chiave della sua creazione e sviluppo.

Pensiamo di conoscere la massoneria, ma come abbiamo visto, non possiamo e non la conosceremo mai completamente. La parte storica sulle sue origini... ci ha permesso di tornare alle fondamenta su cui è stata fondata e in particolare su Hiram e la sua leggenda. Come abbiamo visto, nella massoneria, anche se si parla della leggenda di Hiram, ce ne sono 3 distinte.

I testi fondamentali della massoneria ci hanno permesso di scoprire ancora di più sulle basi e di vedere i testi che hanno plasmato la massoneria.

Successivamente, con l'aiuto delle Donne Curiose, è stato opportuno prima interrogarsi sull'affiliazione massonica dell'autore: Carlo Goldoni. Ancora oggi, è fonte di discussione e riflessione, forse un giorno si potrà definire se faceva parte o meno della massoneria. È anche per questa ragione che è stato deciso di considerare che, sebbene abbia ripreso molti elementi massonici, era solo un profano.

L'opera stessa non è stata un successo a differenza di altre di Goldoni, ma non è stata dimenticata poiché ha avuto un certo successo ai nostri giorni con l'opera tratta da essa.

Prima di soffermarsi su alcuni punti che fanno riferimento alla massoneria, è sembrato più che importante effettuare un'analisi generale dell'opera per introdurla ma anche e soprattutto per comprenderne il contesto e il contesto in cui è stata pubblicata.

I focus ci hanno permesso di vedere gli aspetti massonici menzionati in precedenza o meno nelle parti precedenti, ma anche e soprattutto di vedere altri aspetti che esistono ancora oggi, in particolare le regole menzionate da uno dei protagonisti.

Inizialmente, questo lavoro era destinato a concentrarsi sulle Donne Curiose, ma da un'altra prospettiva di ricerca è stato considerato più rilevante svolgere questo lavoro sulla massoneria con riferimenti all'opera.

Molti documenti che hanno permesso di scrivere ma anche di comprendere la massoneria, le differenze con la Chiesa... sono stati ottenuti principalmente grazie all'aiuto della Grande Loggia di Francia. In una visione futura, questo lavoro potrebbe essere incentrato sulla massoneria di oggi e di domani e le Donne Curiose verrebbero menzionate insieme a un'altra opera dello stesso secolo di un autore sconosciuto ma che riprende alcuni personaggi di questa commedia: Arlecchino massone. L'evoluzione della diffusione delle informazioni... sulla massoneria, come nei film, nelle serie, nei libri... verrebbe sicuramente evocata."

La Massoneria nel XVIII° s : con appunto Le Donne Curiose di Carlo Goldoni